Anne Wilson

JAPANS en KOREAANS koken

de Lantaarn

WOORDENLIJST

Daikon: grote witte radijs die veel in de Japanse keuken wordt gebruikt. Geraspt of in dunne plakjes geserveerd als garnering of aangemaakt met sojasaus en suiker. Vers of ingemaakt verkrijgbaar.
Dashi: een basisbouillon in de Japanse keuken gemaakt van gedroogd zeewier en gedroogde bonito (een vissoort). Verkrijgbaar als korrels, als vlokken of gemalen: u hoeft er alleen nog kokend water aan toe te voegen.
Ingemaakte gember: verse, dunne, roze of helderrode plakjes gember op zout water. Prikkelt uw verhemelte.
Mirin: een zachte *sake* met weinig alcohol die sauzen, gegrilde gerechten en glazuren zoet maakt.
Miso: een gegiste sojabonenpasta die in Japan veel wordt gebruikt. Verkrijgbaar in allerlei kleuren, zoals lichtbruin, rood, bruin, geel en wit; elke kleur heeft een eigen smaak en structuur. Wordt gebruikt in soepen, marinades en dipsauzen.
Nori: de bekendste soort gedroogd zeewier die door de Japanners en Koreanen wordt gebruikt. Verkrijgbaar in plakjes, zachte draden, gewoon of geroosterd (versterkt de smaak). Als u de nori nog even extra roostert boven een open vlam, krijgt hij een frisse, nootachtige smaak.
Rijstazijn: een milde, zoete azijn gemaakt van rijst.
Sake: rijstwijn, om te drinken of mee te koken (daarvoor zijn aparte soorten verkrijgbaar: de kooksake bevat minder alcohol).
Sansho: een heerlijke specerij die alleen in de Japanse en Chinese keuken voorkomt. Vaak gebruikt om vlees te kruiden.
Scherpe bonenpasta: ook wel chilibonenpasta genoemd. Wordt erg veel gebruikt in de Koreaanse keuken en is gemaakt van Spaanse peper, sojabonen, knoflook en kruiden. Veel kant-en-klare pasta's zijn erg scherp – u bent gewaarschuwd.
Sesam en zeewierstrooisel: een combinatie van fijngehakte nori, geroosterde sesamzaadjes en zout. Gebruikt op noedels, salades en eigerechten.
Sesamzaadjes: zwarte en witte sesamzaadjes die veel in de Japanse en Koreaanse keuken worden gebruikt. Ze zijn geroosterd verkrijgbaar en kunnen vóór gebruik worden gemalen.
Shichimi Togarashi: een uit zeven ingrediënten bestaand kruidenmengsel dat meestal in soepen en op noedelgerechten wordt gebruikt.
Soba: noedels van boekweit. Ze zijn meestal gedroogd verkrijgbaar in oosterse speciaalzaken.
Sojasaus (Japans): deze saus, de *shoshoyu*, is veel lichter en zoeter dan de Chinese sojasaus. Bevat meestal geen conserveermiddelen, dus bewaar de saus in de koelkast.
Tempura-bloem: een lichte bloem die in Japanse speciaalzaken verkrijgbaar is en dat een licht, enigszins schuimend beslag geeft.
Tofu: kaasachtige substantie, gemaakt van sojabonen. Heeft een subtiele, zachte smaak en neemt goed de smaak van allerlei kruiden en sausjes op. Een goede bron van proteïnen.
Tonkatsu-saus: een lekkere barbecue-achtige saus gemaakt van tomaten, appels, Japanse worcestersaus en mosterd. Wordt meestal bij gebraden varkensvlees gegeten.
Wasabi: een scherpe pasta gemaakt van de wortel van de wasabi (mierikswortel). Een zeer scherpe saus om met mate te gebruiken. Ook verkrijgbaar als poeder of pasta.

Daikon

Ingemaakte gember

Shichimi Togarashi

Dashi

Rijstazijn

Sobanoedels

Scherpe bonenpasta

Sake

Sojasaus (Japans)

Mirin

Sansho

Tofu

Miso

Sesam en zeewierstrooisel

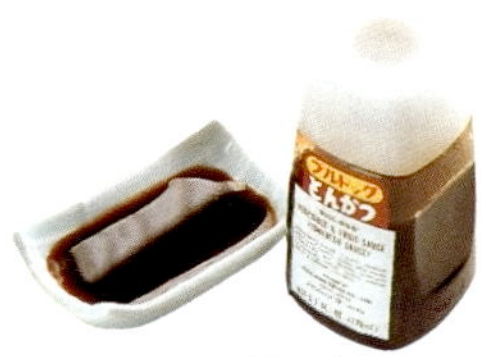
Tonkatsusaus

Nori

Sesamzaadjes

Wasabi

Rooster de sesamzaadjes zonder vet op een laag vuur tot ze goudbruin zijn.

Halveer de komkommer en verwijder de zaadjes met een theelepel.

JAPANS

De unieke Japanse keuken is altijd met wat geheimzinnigheid omgeven; toch zijn veel Japanse gerechten verbazingwekkend eenvoudig te bereiden.

Sunomo

Garnalensalade in een pikante dressing

Voorbereidingstijd: 20 minuten + 1 uur marineren
Totale kooktijd: 5 minuten
Voor 4 personen

½ komkommer
375 g grote rauwe garnalen
60 ml rijstazijn
1 el basterdsuiker
1 el sojasaus
1 tl verse gember, fijngeraspt
1 el geroosterde sesamzaadjes

1. Schil de komkommer, halveer hem in de lengte en verwijder de zaadjes met een theelepel. Snijd de komkommer in dunne plakjes, bestrooi die met zout en peper en laat ze 5 min. staan. Spoel het zout eraf en dep ze droog met keukenpapier.
2. Doe de garnalen in een pan met lichtgezouten kokend water en laat ze in 2 min. zachtjes gaar koken. Giet ze af en gooi ze in koud water. Laat de garnalen afkoelen, pel ze en verwijder de ingewanden. Laat de staarten zitten.
3. Doe de azijn, suiker, sojasaus en gember in een grote kom en roer tot de suiker is opgelost. Voeg de garnalen en de komkommer toe en laat alles 1 uur marineren.
4. Leg de garnalen en de komkommer op de borden, bestrooi ze met de sesamzaadjes en dien op.
Let op: deze gemarineerde garnalen en stukjes komkommer vormen een heerlijk voorgerechtje.

Spoel de plakjes komkommer af en dep ze droog met keukenpapier.

Pel de gekookte garnalen en verwijder de ingewanden. Laat de staarten zitten.

Tofu-misosoep

Een voedzame soep

Voorbereidingstijd: 15 minuten
Totale kooktijd: 7 minuten
Voor 4 personen

250 g tofu
1 lente-ui
1 l water
80 g dashikorrels
100 g miso
1 el mirin

1. Snijd de tofu met een scherp mes in blokjes. Snijd de lente-ui diagonaal in stukjes van 1 cm. Zet de tofu en de ui apart.

2. Roer met een houten lepel het water en de dashi in een pan door elkaar en breng het mengsel aan de kook. Roer de miso en de mirin in een kom door elkaar en giet dit mengsel bij het kokende vocht in de pan. Laat het water niet meer koken als de miso eenmaal is opgelost (dan gaat veel smaak verloren).

3. Doe de blokjes tofu in de hete bouillon en verwarm ze zonder te koken in 5 min.

4. Dien de soep op in soepkommen en garneer met de lente-ui.

Snijd de tofu met een scherp mes in blokjes van 1 cm.

Snijd de lente-ui in diagonale stukken van 1 cm lang.

Roer het water en de dashi met een houten lepel in een kleine pan dooreen.

Roer de miso en de mirin in een kleine kom goed door elkaar.

Sushi

Heerlijke rijsthapjes

Voorbereidingstijd: 45 minuten
Totale kooktijd: 8-10 minuten
Voor 30 stuks

220 g witte rijst
5 dl water
2 el rijstazijn
1 el basterdsuiker
1 tl zout
4 blaadjes nori
wasabi naar smaak
125 g gerookte zalm, forel of verse sashimi-tonijn
1 kleine komkommer, geschild
½ kleine avocado, naar keuze
3 el ingemaakte gember of groenten
sojasaus als dipsaus

1. Was de rijst in koud water tot er alleen nog schoon water afkomt en laat hem goed uitlekken. Breng de rijst met het water in een pan aan de kook, zet het vuur laag en laat de rijst zonder deksel 4-5 min. zachtjes koken tot al het water is opgenomen. Leg het deksel op de pan, zet het vuur heel laag en laat de rijst nog 4-5 min. koken. Haal de pan van het vuur en laat de rijst afgedekt 10 min. afkoelen.

2. Roer de gemengde azijn, suiker en zout goed met een houten lepel door de rijst tot de rijst is afgekoeld.

3. Leg een vel nori op een stuk ingevet keukenpapier of een bamboe matje, leg een kwart van de rijst op de lange kant van de nori en laat aan drie kanten een rand van 2 cm over. Leg een beetje wasabi middenop de rijst. Snijd de vis in dunne reepjes. Snijd de komkommer en avocado in luciferreepjes van 5 cm lang. Leg een kwart van de stukjes vis, komkommer, avocado en gember of groenten bovenop de wasabi.

4. Rol de nori met het papier of het matje stevig op vanaf de kant waar de vulling ligt en druk de uiteinden tegen elkaar aan.

5. Snijd met een scherp of elektrisch mes de rol in plakken van 2,5 cm dik. Herhaal het hele proces met de rest van de ingrediënten. Serveer de sushi op schoteltjes met een kommetje sojasaus en wat extra wasabi.

Let op: u kunt sushi 4 uur van tevoren maken en afgedekt in de koelkast bewaren. Snijd de sushi vlak voor het opdienen in plakken. Sashimi-tonijn is verkrijgbaar in goede viszaken. Gebruik alleen zeer verse tonijn.

Kook de rijst tot al het water is geabsorbeerd, dek de pan af en temper het vuur.

Leg een kwart van de rijst aan één kant van het vel nori.

Rol de nori met het bakpapier of het matje op.

Snijd de sushirol met een scherp mes in plakken van 2,5 cm.

Yakitori (Kipsaté)

Voorbereidingstijd: 20 minuten + marineren
Totale kooktijd: 10 minuten
Voor 25 prikkers

1 kg kipfilet	*65 g lente-uitjes, diagonaal in stukjes van 2 cm gesneden*
1,25 dl sake	
2 dl donkere sojasaus	
1,25 dl mirin	
2 el suiker	

1. Laat 25satéstokjes ca. 20 min. weken in water.

2. Snijd de kipfilets in niet te kleine stukjes. Roer sake, sojasaus, mirin en suiker in een kleine pan door elkaar. Breng het mengsel aan de kook en zet het dan apart.

3. Prik de stukjes kip afwisselend met de stukjes lente-ui aan de satéstokjes, leg ze op een met folie bekleed rooster en bak ze onder een voorverwarmde grill in 7-8 min. gaar. Draai ze geregeld om en bestrijk ze dan met de saus.

Snijd de kip in niet al te kleine stukjes.

Roer de sake, sojasaus, mirin en suiker in een kleine pan door elkaar.

Prik de stukjes kip en lente-ui om en om aan de satéprikkers.

Bestrijk de kip tijdens het grillen geregeld met de saus.

Sashimi (Rauwe vis in plakjes)

Voorbereidingstijd: 30 minuten
Totale kooktijd: geen
Voor 4 personen

500 g zeer verse vis, zoals tonijn, zalm, zeeforel, makreel of wijting
Japanse sojasaus, om te serveren
wasabi, om te serveren
1 wortel, geschild
1 daikon, geschild

1. Verwijder met een zeer scherp mes het vel van de vis. Laat de vis in de diepvries opstijven en snijd er dan gelijkmatige plakjes van 5 mm dik van. Snijd de vis met een gelijkmatige beweging; zaag vooral niet.

2. Arrangeer de stukjes sashimi op een schaal. De sashimi wordt traditioneel geserveerd met Japanse sojasaus en wasabi.

3. Snijd de wortel en daikon al dan niet met een keukenmachine in lange, fijne reepjes en leg ze bij de vis op de schaal.

Verwijder met een scherp mes het vel van de vis.

Snijd de vis gelijkmatig in plakjes en maak geen zagende beweging.

Snijd de wortel en daikon in lange, dunne reepjes.

U kunt de daikon en wortel ook in luciferreepjes snijden.

Garnalentempura

Heerlijke hapjes

Voorbereidingstijd: 40 minuten
Totale kooktijd: 15 minuten
Voor 4 personen

20 grote rauwe garnalen
1 vel nori
bloem, om te paneren
2,5 dl ijskoud water
1 ¼ kop tempurameel of cakemeel
2 eierdooiers
olie, om in te frituren

1. Pel de garnalen en verwijder de ingewanden, laat de staarten intact. Maak 4 sneetjes in elke garnaal zodat u ze recht kunt buigen. Snijd de nori in reepjes en wikkel een stukje om de staart van elke garnaal. Plak het vast met wat water.

2. Haal de garnalen door de bloem, maar laat het zeewier en de staarten onbedekt. Roer water, tempurameel en eierdooiers met een mixer door elkaar (het wordt klonterig).

3. Verhit de olie in een diepe pan, haal de garnalen door het beslag (niet het zeewier en de staarten) en frituur ze in de hete olie goudbruin. Haal ze uit de pan, laat ze uitlekken op keukenpapier en dien ze op.

Maak voorzichtig 4 sneetjes in de onderkant van elke garnaal.

Wikkel de reepjes nori om de staarten van de garnalen.

Roer tempurabloem, water en eierdooiers in een kom door elkaar.

Haal de garnalen door het beslag en frituur ze in de hete olie.

Teppan yaki (Gegrilde biefstuk met groenten)

Voorbereidingstijd: 45 minuten
Totale kooktijd: ca. 25 minuten
Voor 4 personen

350 g lendenbiefstuk, half bevroren
4 kleine aubergines of 1 gewone
100 g verse shiitake
100 g sperziebonen
6 minipompoentjes (geel of groen)
1 rode of groene paprika, zonder zaadjes
6 lente-uitjes, zonder buitenste schil
blikje bamboescheuten (210 g), uitgelekt
60 ml lichte plantaardige olie
soja-gemberdipsaus of sesamzaadsaus (blz. 32-33)

1. Snijd de biefstuk in zeer dunne plakjes (dat gaat het beste als het vlees deels bevroren is). Snijd een kruis in alle plakjes vlees, leg ze op een schaal en strooi er zout en versgemalen peper overheen.
2. Snijd de uiteinden van de aubergine en snijd het vruchtvlees in lange, zeer dunne diagonale plakjes. Verwijder harde stukken van de champignons en haal de boontjes af (snijd ze doormidden als ze langer zijn dan 7 cm). Snijd de minipompoenen afhankelijk van de grootte in tweeën of vieren of laat ze heel. Snijd de paprika in dunne reepjes en snijd de lente-ui in reepjes van 7 cm. Snijd de bamboescheuten op gelijke lengte. Arrangeer alle groenten in aparte bundeltjes op een schaal.
3. Als de gasten aan tafel zitten, verwarmt u een elektrische grill of koekenpan (flink heet!); bestrijk die met olie. Schroei een kwart van het vlees aan weerszijden dicht en schuif het naar de rand van de pan. Roerbak dan een kwart van de groenten op de grill of in de pan en voeg indien nodig wat meer olie toe. Serveer steeds kleine porties vlees of groenten aan de gasten. Het is de bedoeling dat ze het vlees en de groenten in een sausje naar keuze dopen alvorens ze te eten. Serveer met gestoomde rijst.
4. Doe hetzelfde met de rest van het vlees en de groenten.

Snijd het vlees met een scherp mes in heel dunne plakjes.

Snijd een kruis in elk plakje vlees.

Snijd harde stukken van de verse shiitake.

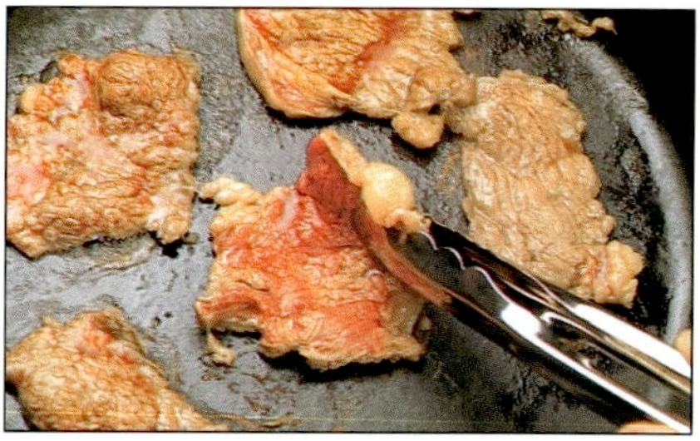

Schroei het vlees aan weerskanten snel dicht.

Tonkatsu (Gepaneerde varkenslende)

Voorbereidingstijd: 35 minuten + 2 uur invriezen
Totale kooktijd: 12 minuten
Voor 4 personen

500 g magere varkenslapjes
zout en peper
60 g bloem
6 eieren, losgeklopt met 2 el water
120 g gedroogd Japans broodkruim
2 lente-uitjes
ingemaakte gember en daikon
90 g fijngesneden Chinese of savooi-enkool
1 vel nori
3,75 dl olie, om in te bakken
2,5 dl Tonkatsu-saus

1. Snijd eventuele pezen uit het vlees en snijd het in 8 dunne plakjes. Bestrooi de plakjes met zout en peper en haal ze even door de bloem.
2. Doop elk plakje in het eimengsel en daarna in het broodkruim: druk het kruim met uw vingers stevig op het vlees. Leg het vlees in één laag op een schaal en zet die onafgedekt ten minste 2 uur in de koelkast.
3. Maak intussen de garnering. Verwijder de buitenste schil van de lente-ui, snijd de stengels in dunne plakjes en leg ze in een kom met koud water. Snijd de gember en de daikon in plakjes en leg ze met de in reepjes gesneden kool apart. Neem een scherp mes en snijd de nori in dunne reepjes van 4 cm lang.
4. Verhit de olie in een pan met zware bodem. Bak 2-3 plakken vlees tegelijk aan weerszijden goudbruin en laat ze uitlekken op keukenpapier. Herhaal dit met de rest van het vlees. Snijd het vlees dan in reepjes van 1 cm en leg die terug in de vorm van het plakje vlees. Leg een bundeltje norireepjes op het vlees. Dien op met de Tonkatsu-saus, de reepjes kool, de uitgelekte lente-ui, de ingemaakte gember en daikon en gestoomde rijst.
Let op: Japanse broodkruimels (grof of fijn) geven het vlees een lichte en authentieke smaak. Bewaar de Tonkatsu-saus na opening altijd in de koelkast.

Druk het broodkruim met uw vingers op het vlees.

Snijd de gember en de daikon in fijne reepjes.

Snijd de nori in fijne reepjes van 4 cm lang.

Braad het vlees in porties van 2-3 plakken aan weerszijden goudbruin.

Sukiyaki

Een soort jachtschotel

Voorbereidingstijd: 60 minuten
Totale kooktijd: 15 minuten
Voor 6 personen

500 g lendenbiefstuk, half bevroren
3 kleine uien, geschild
3 lente-uitjes, geschild
1 grote wortel, afgeschraapt
400 g kleine champignons
½ kleine Chinese kool
100 g tofu
180 g taugé
blikje (225 g) bamboescheuten, uitgelekt
100 g Japanse sukiyaki-noedels (zie 'let op')
6 eieren

SAUS
80 ml Japanse sojasaus
60 ml lichte runderbouillon
60 ml sake
60 ml mirin
2 el basterdsuiker
60 ml plantaardige olie

1. Snijd de halfbevroren biefstuk met een zeer scherp mes in zo dun mogelijke plakjes en arrangeer die op een grote schaal. Laat ruimte over voor de tofu, noedels en groenten. Dek de plakjes vlees af en zet de schaal in de koelkast terwijl u de rest van de ingrediënten bereidt.

2. Snijd de uien in 6 partjes. Snijd de witte onderkant en het stevige deel van het groene van de lente-uitjes in reepjes van 4 cm en gooi de rest weg. Snijd ook

de wortel in reepjes van 4 cm, veeg de champignons schoon en snijd ze doormidden. Verwijder eventuele taaie bladeren van de kool en snijd de rest in stukjes. Snijd de tofu in blokjes van ca. 2 cm. Snijd de uiteinden van de taugé en snijd de bamboescheuten in stukjes van gelijke grootte. Leg alle groenten en de tofu bij het vlees op de schaal.

3. Blancheer de noedels in 2-5 min. zacht. Kook ze niet te gaar, want dan kunnen ze uit elkaar vallen. Laat ze goed uitlekken en knip ze met een schaar in stukjes van ca. 5 cm zodat ze gemakkelijk met stokjes gegeten kunnen worden. Leg de noedels bij het vlees, de groenten en de tofu op de schaal.

4. Maak de saus als volgt: roer de sojasaus, runderbouillon, sake, mirin en suiker in een kleine kom door elkaar en blijf roeren tot de suiker is opgelost.

5. Verhit vlak voordat u aan tafel gaat een grote braadpan (of een elektrische pan als u de sukiyaki aan tafel gaat maken) en bestrijk die licht met olie. Als de pan heet is, roerbakt u ongeveer eenderde van de ui, lente-ui, wortel, champignons, kool, bamboescheuten en tofu in ca. 2 min., waarbij u alles zoveel mogelijk apart houdt. Schuif de groenten en de tofu aan de kant van de pan. Doe ongeveer eenderde van de taugé en de noedels in de pan, roerbak ze voorzichtig in 1 min. en schuif ze dan bij de andere ingrediënten naar de zijkant van de pan. Leg eenderde van de plakjes vlees in één laag op de bodem van de pan en braad ze 30 sec. per kant. Braad het vlees vooral niet te lang. Schep wat saus over het vlees en roer even door tot alles mooi bruin is. Zet het vuur laag en schep alle ingrediënten vlak voor het opdienen voorzichtig door elkaar.

6. Sukiyaki moet direct uit de hete pan

Snijd de bamboescheuten in even grote stukken, even groot als de andere groenten.

Knip de gekookte noedels in korte stukken.

worden geserveerd. Zet de pan midden op tafel. Iedereen breekt een rauw ei in zijn of haar eigen soepkommetje en roert dat met stokjes los: het ei fungeert als dipsaus. Iedereen neemt met de stokjes iets uit de pan, doopt het in het losgeklopte ei en eet het op.

7. Als men toe is aan een tweede portie kan de pan opnieuw verhit worden en wordt het hele kookproces herhaald. Als alles op is, wordt het heerlijke kookvocht, met de rijke smaak van alle ingrediënten, met gestoomde rijst gegeten.

Let op: het vlees en de groenten moeten in porties worden bereid om te voorkomen dat ze te gaar worden. Het recept kan maximaal 2 uur van tevoren worden gemaakt tot stap 4. Zorg ervoor dat alles op tafel staat en de gasten lekker zitten voordat u begint te koken.

Er zijn twee soorten noedels die meestal voor Sukiyaki worden gebruikt. *Harusame* is een fijne, witte, bijna transparante noedel. De noedels lijken op Chinese rijstmie, die u eventueel als vervanging kunt gebruiken. De *Shirataki*-noedel wordt gemaakt van de wortel van de 'duivelstongplant'. Beide soorten noedels zijn verkrijgbaar in Aziatische winkels. Sukiyaki kan natuurlijk ook met rijst gegeten worden, hoewel dat traditioneel niet zo hoort.

Schuif de groenten naar de kant en braad eenderde van het vlees.

Schep wat saus over het gebraden vlees.

Gefrituurde kip met zeewier

Voorbereidingstijd: 25 minuten + 15 minuten marineren
Totale kooktijd: 20 minuten
Voor 4 personen

400 g kipfilet
60 ml Japanse sojasaus
60 ml mirin
4 cm gember, zeer fijn geraspt
1 vel nori, fijngesneden of in kleine stukjes gebroken
40 g maïsbloem
2,5 dl plantaardige olie, om te frituren
ingemaakte gember en komkommerschijven

1. Snijd eventuele pezen en vet uit de kip. Snijd de kip in dobbelstenen en snijd dunne uiteinden weg zodat de stukjes allemaal even groot zijn. Doe de stukken kip in een kom.

2. Roer de sojasaus, mirin en de gember in een kleine kom door elkaar en giet het mengsel over de kip. Roer goed door tot alle stukjes goed bedekt zijn. Laat de kip 15 min. marineren en giet de overtollige marinade weg.

3. Roer de nori door de maïsbloem en haal de stukjes kip even door het maïsmengsel. Verhit de olie in een pan met zware bodem op middelhoog vuur en bak de kip in porties van 6-7 stukjes al roerende goudbruin. Laat ze uitlekken op een stuk keukenpapier en serveer ze met gestoomde rijst, ingemaakte gember en komkommerschijven. Garneer desgewenst met wat extra stukjes nori.

Let op: snijd de nori met een heel scherp mes.

Snijd de kipfilets in dobbelsteentjes van gelijke grootte.

Giet de door elkaar geroerde sojasaus, mirin en gember over de kip.

Haal de stukjes kip even door de maïs-bloem.

Frituur 6-7 stukjes kip tegelijk goudbruin; laat ze uitlekken op keukenpapier.

Gezouten gegrilde vis

Voorbereidingstijd: 25 minuten
Totale kooktijd: 18 minuten
Voor 4 personen

400 g brasem, wijting of snapper, zonder schubben en ogen (zie opmerking)
½ citroen, in dunne plakjes
5 cm zeer verse gember
1 el mirin
2 el Japanse sojasaus
3 tl zout

GARNERING
1 grote wortel
¼ daikon
5 cm gember, in zeer fijne reepjes

1. Spoel de vis af onder koud water en dep hem droog met keukenpapier. Stop de plakjes citroen in de buik van de vis. Rasp de gember zeer fijn en knijp er dan met uw vingers zoveel mogelijk vocht uit. Bewaar het vocht en gooi de droge pulp weg.
2. Roer het gembersap, de mirin en de sojasaus in een kleine kom door elkaar. Strijk wat van dit mengsel over de vis en bestrooi beide zijden met ca. ¼ theelepel zout. Strooi wat meer zout op de vinnen en de staart (daardoor verbranden ze minder snel).
3. Bedek een grillplaat met aluminiumfolie en schuif de plaat onderin de grill, zo ver mogelijk bij de warmtebron vandaan: als de vis te dicht bij de grill ligt, wordt hij te snel gaar en kan hij verbranden. Grill de vis aan weerszijden goudbruin (dit duurt 6-8 min., afhankelijk van de dikte en de soort vis. Prik met een vork in de vis: als de stukjes gemakkelijk loslaten, is de vis gaar.)
4. Rasp de wortel en de daikon met een kaasrasp in lange reepjes en arrangeer die met de reepjes gember op een schaal. Leg de vis op de schaal, garneer hem met wat reepjes gember en dien meteen op met gekookte rijst. Garneer de kop van de vis met een takje tuinkruiden.
Let op: gekookte vissenogen zien er niet erg appetijtelijk uit; vraag de visboer of hij ze bij het schoonmaken verwijdert.

Leg de plakjes citroen in de buik van de vis.

Rasp de gember zeer fijn.

Strooi wat meer zout op de vinnen en de staart van de vis.

Rasp de wortel en de daikonradijs in fijne reepjes.

Varkensvlees met noedels

Voorbereidingstijd: 25 minuten
Totale kooktijd: 15 minuten
Voor 4 personen

1 el plantaardige olie
150 g varkenslende, in smalle reepjes
5 lente-uitjes, in korte reepjes
1 wortel, geschild en in dunne reepjes
200 g Chinese kool, in reepjes
500 g Hokkien-noedels, voorzichtig uit elkaar getrokken
2 el water
2 el Japanse sojasaus
1 el worcestersaus
1 el mirin
2 tl basterdsuiker
90 g taugé, zonder dunne uiteinden
1 vel geroosterde nori, in fijne, dunne reepjes

1. Verhit de olie in een grote diepe pan of wok op matig vuur. Roerbak het varkensvlees, de lente-ui en de wortel in 1-2 min. tot het vlees van kleur verandert. Bak niet te lang omdat het vlees anders taai en de groenten slap worden.

2. Voeg de kool, noedels, het water, de sojasaus, worcestersaus, mirin en de suiker toe en roerbak dit 1 min. Voeg de taugé toe en schep alles met twee grote metalen lepels door elkaar. Dien meteen op, bestrooid met de reepjes nori.

Let op: noedels zijn erg belangrijk in de Japanse keuken. De noedels in dit recept, dikke Chinese tarwenoedels (Hokkien), zijn in de meeste oosterse winkels verkrijgbaar.

Snijd de Chinese kool met een scherp mes in reepjes

Verwijder de dunne uiteinden van de taugé.

Roerbak varkensvlees, lente-ui en wortel tot het vlees van kleur verandert.

Roer de saus voorzichtig door de groenten en de noedels.

Shabu-Shabu (Japanse fondu met rundvlees en groenten)

Voorbereidingstijd: 50 minuten + 30 minuten invriezen
Totale kooktijd: 30 minuten
Voor 4 personen

750 g lendenbiefstuk, gedeeltelijk bevroren
15 lente-uitjes, zonder buitenste schil
3 wortels, geschild
400 g champignons
½ Chinese kool
150 g tofu
2 l lichte kippenbouillon
sesamzaadsaus (blz. 33) of kant-en-klare Shabu-Shabusaus

1. Snijd de biefstuk in dunne plakjes. Snijd het stevige deel van de lente-ui in stukjes van 4 cm en gooi de groene bovenkanten weg. Snijd de wortels in plakjes. Snijd de steeltjes van de champignons of snijd de champignons met steel en al in plakjes. Snijd de kool in stukken en gooi taaie delen weg. Snijd de tofu in stukken.
2. Leg de groenten, tofu en het vlees op een schaal, leg er een stuk plasticfolie overheen en zet de schaal in de koelkast tot een half uur voordat u gaat koken.
3. Dek de tafel: ieder krijgt een schaaltje, een kommetje sesamzaadsaus, een kommetje rijst, stokjes, soeplepels en servetten. Zet de schaal met het eten en een elektrische wok of een pan op een gasbrander) binnen het bereik van alle gasten.
4. Als iedereen aan tafel zit, giet u de bouillon in de pan. Doe het deksel op de pan en breng de bouillon aan de kook. Iedereen pakt met de stokjes een ingrediënt en houdt het ca. 1 min. in de bouillon tot het gaar is. Daarna wordt het voedsel in de sesamzaadsaus gedoopt en met wat rijst opgegeten. Serveer aan het eind van de maaltijd de rest van de bouillon als soep.

Let op: in plaats van kippenbouillon kunt u ook dashi gebruiken (gemaakt van instant dashikorrels). Let op dat u het voedsel niet te lang kookt: de groenten moeten net gaar zijn en het vlees mag van binnen nog een beetje roze zijn. Sesamzaadsaus is verkrijgbaar in oosterse winkels.

Snijd met een scherp mes het gedeeltelijk bevroren vlees in dunne plakjes.

Snijd de steeltjes van de champignons of snijd ze met steel en al in plakken.

Snijd de tofu met een scherp mes in stukken.

Leg de groenten, de tofu en het vlees op een schaal.

Soja-gember-dipsaus

Voorbereidingstijd: 10 minuten
Totale kooktijd: geen
Voor 4 personen

Rasp de gember heel fijn.

2,5 dl Japanse sojasaus
5 cm verse gember, geschild
2 tl basterdsuiker

Roer sojasaus, gember en suiker in een kom.

1. Roer de sojasaus, de gember en de basterdsuiker in een kleine kom goed door elkaar. Dien binnen 15 min. op.

Rijst

In Japan wordt bijna elke maaltijd beëindigd met een kom voedzame rijst.

Voorbereidingstijd: 5 minuten
Totale kooktijd: 20 minuten + 15 minuten rusttijd
Voor 4-6 personen

440 g rijst (korte korrel)
6 dl koud water

1. Was de rijst in een zeef onder koud stromend water tot er schoon water afkomt.
2. Doe de rijst in een grote pan met zware bodem en voeg het koude water toe. Breng het aan de kook, doe een goed sluitend deksel op de pan en zet het vuur laag. Laat de rijst 15 min. zachtjes koken en zet dan 30 sec. het vuur hoog. Haal de pan van het vuur en zet hem 15 min. apart. Haal het deksel pas van het vuur als u gaat eten (de stoom is bij deze kookwijze essentieel).

Spoel de rijst grondig af met koud water.

V.l.n.r.: Sesamzaadsaus, Soja-gemberdipsaus, Rijst.

Sesamzaadsaus

Voorbereidingstijd: 20 minuten
Totale kooktijd: geen
Voor 4 personen

100 g witte sesamzaadjes
2 el lichte plantaardige olie
1,25 dl Japanse sojasaus
2 el mirin
3 tl basterdsuiker
80 g instant dashikorrels
2,5 dl warm water

1. Rooster de sesamzaadjes in een droge koekenpan op een laag vuur in 3-5 min. goudbruin. Schud de pan continu heen en weer. Druk de zaadjes fijn in een vijzel of een schone koffiemolen. Voeg de plantaardige olie alleen toe als het echt nodig is en u anders geen mooie pasta kunt maken.

2. Meng de pasta met de sojasaus, de mirin, suiker, dashikorrels en het water. Bewaar de saus afgedekt in de koelkast maximaal 2 dagen.

Wrijf de zaadjes fijn in een vijzel.

Gemarineerde gestoomde sakekip

Zacht en smakelijk

Voorbereidingstijd: 25 minuten + 30-40 minuten marineren
Totale kooktijd: 15-20 minuten
Voor 4 personen

500 g kippenborst met vel
1 tl zout
80 ml sake
2 el citroensap
4 cm verse gember, geschild en in dunne reepjes

SAUS
2 el Japanse sojasaus
1 el mirin
1 tl sesamolie
1 lente-ui, gesnipperd

GARNERING
2 lente-uitjes
½ kleine rode paprika

1. Prik met een vork een paar keer in de kip. Leg de kip met het vel naar boven in een ondiepe schaal en bestrooi hem met zout. Roer de sake, het citroensap en de gember in een kleine kom door elkaar, giet dit mengsel over de kip en laat het 30-40 min. intrekken.
2. Voor de saus: roer de soja, mirin, sesamolie en lente-ui in een kleine kom door elkaar.
3. Voor de garnering: haal de buitenste schil van de lente-uitjes en snijd ze daarna diagonaal in stukken. Leg de paprika plat op een plank met het vel omlaag. Houd een mes horizontaal, snijd vlak onder het vruchtvlees door en snijd het velletje weg. Snijd de rest in dunne reepjes van 3 cm lang.
4. Bekleed de bodem van een stomer (bamboe of metaal) met bakpapier. Leg de kip met het vel omhoog in de stomer. Doe 2 kopjes water in een pan en hang de stomer erin. Stoom de kip boven het zacht kokende water in 15-20 min. gaar.
5. Snijd de kip in stukken van gelijke grootte (verwijder desgewenst het vel); leg ze in het midden van een bord en sprenkel de saus erover. Arrangeer de reepjes paprika op het bord en strooi de lente-uitjes over de kip. Dien warm of koud op, desgewenst met rijst.
Let op: u kunt elk gewenst type stoompan gebruiken, maar u kunt de kip ook in een vergiet leggen en dat boven een pan met 2 cm kokend water hangen. Doe het deksel op de pan en stoom de kip gaar.

Prik een aantal keren met een vork in de kip.

Giet door elkaar geroerde sake, citroensap en gember over de kip.

Snijd met een mes het velletje van de paprika.

Stoom de kip in 15-20 min. gaar.

Steak in marinade van geroosterd sesamzaad

Voorbereidingstijd: 25 minuten + 30 minuten marineren
Totale kooktijd: 8-12 minuten
Voor 4 personen

2 el sesamzaad
1 teentje knoflook, uitgeperst
3 cm gember, geschild en geraspt
2 el Japanse sojasaus
1 el sake
1 tl basterdsuiker
500 g lendenbiefstuk, in 4 stukken
1 el lichte plantaardige olie

DIPSAUS
3 lente-uitjes, zonder buitenste schil
4 cm gember, geschild
½ tl shichimi togarashi
1,25 dl Japanse sojasaus
2 tl instant dashi-bouillon, als poeder of korrels
2 el water

1. Rooster het sesamzaad in een droge pan op een laag vuur. Schud de pan voortdurend heen en weer. Doe de zaadjes als ze gaan springen in een vijzel en wrijf ze fijn.
2. Roer sesamzaad, knoflook, gember, sojasaus, sake en basterdsuiker in een kom door elkaar tot de suiker is opgelost. Doe de steaks in een ondiepe schaal. Schep de marinade over de steaks en laat ze ca. 30 min. trekken.
3. Voor de dipsaus: snijd de lente-ui en gember in dunne luciferstokjes (ca. 4 cm lang). Leg de lente-ui in een kom met ijskoud water en laat ze liggen tot ze knapperig zijn en wat omkrullen. Doe de gember, shichimi togarashi, sojasaus, dashi en het water in een kleine kom en roer alles goed door elkaar.
4. Bestrijk de steaks met wat olie en gril of bak ze 4-6 min. aan elke kant. Braad ze niet te lang, want dan worden de steaks te gaar. Zet de steaks 5 min. apart en snijd ze dan diagonaal in reepjes. Leg de reepjes op de borden en sprenkel er wat dipsaus over. Garneer met de uitgelekte lente-ui en dien op met gestoomde rijst en de rest van de dipsaus.

Wrijf de sesamzaadjes fijn in een vijzel.

Schep de marinade over de steaks en laat ze 30 min. trekken.

Snijd de lente-ui en de gember in dunne luciferreepjes.

Laat het vlees even afkoelen en snijd het dan diagonaal in reepjes.

Koude sobanoedels

Voorbereidingstijd: 25 minuten
Totale kooktijd: 15 minuten
Voor 4 personen

250 g gedroogde sobanoedels (boekweit)
4 cm gember, geschild
1 wortel, geschild
4 lente-uitjes zonder buitenste schil

SAUS
3,75 dl kant-en-klare dashi-bouillon
1,25 dl Japanse sojasaus
80 ml mirin
zout en peper

GARNERING
ingemaakte gember
dungesneden ingemaakte daikon
1 vel geroosterde nori

1. Doe de noedels in een grote pan kokend water. Giet als het water weer aan de kook komt 1 kop koud water in de pan. Breng opnieuw aan de kook en kook de noedels 2-3 min. tot ze net gaar zijn. Ze mogen niet te gaar worden. Giet ze af in een vergiet en spoel ze af onder koud stromend water. Laat de noedels goed uitlekken en zet ze apart.

2. Snijd de gember en de wortel in dunne plakjes en dan in dunne luciferreepjes van 3,5 cm lang. Snijd de lente-ui heel fijn. Breng een pan water aan de kook en voeg gember, wortel en lente-ui toe. Blancheer ze 30 sec., gooi ze in een vergiet en dan meteen in een kom met ijskoud water. Giet de groenten af als ze helemaal zijn afgekoeld.

3. Voor de saus: roer dashi, sojasaus, mirin, zout en peper in een steelpannetje door elkaar. Breng het mengsel aan de kook en laat het helemaal afkoelen. Serveer het in 4 kleine, brede kommetjes.

4. Schep de afgekoelde noedels en groenten voorzichtig door elkaar en doe ze in 4 kommetjes.

5. Voor de garnering: knip de nori met een schaar in dunne reepjes en garneer de noedels daarmee. Leg wat ingemaakte gember en in reepjes gesneden daikon op de rand van het bord. Serveer met de dipsaus. De noedels moeten even in de saus worden gedoopt en daarna pas worden opgegeten.

Let op: sobanoedels worden gemaakt van boekweit. Ze lijken op volkorennoedels, maar hebben een heel eigen structuur. Ze worden koud geserveerd met een dipsaus of in warme soep.

Voeg 1 kopje koud water toe als het water weer aan de kook komt.

Snijd de wortel en gember in dunne luciferreepjes en snipper de lente-ui.

Stort de uitgelekte groenten in een kom ijskoud water.

Roer dashi, sojasaus, mirin en de kruiden in een steelpannetje door elkaar.

Champignons met lente-ui-dressing

Voorbereidingstijd: 15 minuten
Totale kooktijd: geen
Voor 4 personen

2 cm gember, geschild
500 g champignons
6 lente-uitjes, zonder buitenste schil
60 ml Japanse rijstazijn
60 ml Japanse sojasaus
2 el mirin

1. Snijd de gember in zeer dunne plakjes, doe er wat ijskoud water over om ze vochtig te houden en zet ze apart.

2. Veeg de champignons schoon met vochtig keukenpapier en snijd houtige uiteinden van de steeltjes. Doe ze met de ui in een kom.

3. Roer azijn, sojasaus, mirin en zout naar smaak door elkaar. Giet dit over de champignons, roer goed door en laat 15 min. trekken. Haal champignons en ui met een schuimspaan uit het vocht. Leg ze op een schaal en garneer ze met de plakjes gember.

Snijd de gember in heel dunne plakjes en leg ze in ijskoud water.

Veeg de champignons schoon met een vochtig stuk keukenpapier.

Giet het mengsel over de champignons en roer het erdoor.

Haal de champignons met een schuimspaan uit de kom.

Rijstballetjes

Met zalm gevuld

Voorbereidingstijd: 50 minuten
Totale kooktijd: 2 minuten
Voor 4-6 personen

2 tl zwarte sesamzaadjes
50 g gerookte zalm, in stukjes
2 el fijngehakte ingemaakte gember
2 lente-uitjes, geschild en gesnipperd
750 g warme gekookte witte rijst

1. Rooster de sesamzaadjes op laag vuur in een koekenpan die u steeds heen en weer schudt tot de zaadjes gaan springen.

2. Roer zalm, gember en lente-ui in een kleine kom door elkaar. Maak uw handen nat en draai van eenderde kopje rijst een balletje. Druk 2 theelepels zalmmengsel middenin het balletje rijst en draai het tussen uw handen helemaal rond. Herhaal dit met de rest van de rijst en de zalm. Houd uw handen nat om te voorkomen dat de rijst blijft plakken.

3. Leg de balletjes op een schaal en bestrooi ze met sesamzaad.

Rooster de sesamzaadjes 1-2 min. tot ze beginnen te springen.

Roer zalm, gember en lente-ui in een kom door elkaar.

Maak met natte handen een balletje van de rijst.

Druk er 2 tl van het zalmmengsel in en herstel de vorm van het balletje.

Wrijf de sesamzaadjes fijn in een vijzel.

Snijd het vlees tegendraads in dunne plakjes.

KOREAANS

De Koreaanse keuken kent veel overheerlijke gerechten. Hieronder volgen een paar klassiekers.

Geroosterd rundvlees

Geliefd bij alle rundvleesliefhebbers

Voorbereidingstijd: 15 minuten + 30 minuten invriezen en 2 uur marineren
Totale kooktijd: 15 minuten
Voor 4-6 personen

500 g lendenbiefstuk
40 g sesamzaad
1,25 dl sojasaus
2 teentjes knoflook, fijngesnipperd
3 lente-uitjes, fijngesnipperd
1 el sesamolie
1 el olie

1. Leg de biefstuk een half uur in de koelkast. Rooster de sesamzaadjes 3-4 min. in een koekenpan die u steeds heen en weer schudt tot de zaadjes mooi bruin zijn. Haal ze uit de pan en wrijf ze fijn in een vijzel.
2. Snijd het vlees tegendraads in plakjes.
3. Vermeng de plakjes vlees, sojasaus, knoflook, lente-ui en de helft van het sesamzaad. Marineer het vlees 2 uur.
4. Roer de twee soorten olie door elkaar en bestrijk er een gietijzeren grillplaat of een zware braadpan mee. Maak die heel heet en braad het vlees in drie porties aan elke kant (vooral niet te lang omdat het vlees dan taai wordt). Bestrijk plaat of pan na elke portie en laat die steeds goed op temperatuur komen voor u de volgende portie braadt. Bestrooi het vlees met de extra sesamzaadjes en dien op met Kim Chi (blz. 46).

Roer vlees, sojasaus, knoflook, lente-ui en de helft van de sesamzaadjes dooreen.

Braad het vlees 1 min. aan elke kant en laat het niet te gaar worden.

Kim Chi

Traditioneel zoetzuur

Voorbereidingstijd: 9 dagen
Totale kooktijd: geen
Voor 3 kopjes

1 grote Chinese kool
160 g zeezout
½ tl cayennepeper
5 lente-uitjes, gesnipperd
2 teentjes knoflook, fijngesnipperd
5 cm gember, geraspt
3 tl tot 3 el gesnipperde verse rode pepers (zie opmerking)
1 el basterdsuiker
6 dl koud water

1. Snijd de kool doormidden en dan in stukjes. Leg een laagje kool in een grote kom en strooi er wat zout op. Ga door met laagjes kool en zout en eindig met zout. Leg er omgekeerd een bord op en zet daar wat blikjes of een steen op. Laat dit 5 dagen op een koele plaats staan.

2. Verwijder gewichten en bord. Giet eventueel vocht af en spoel de kool af onder koud stromend water. Druk overtollig water uit de kool. Roer de cayennepeper, lente-ui, knoflook, gember, rode peper en suiker goed door de kool. Schep het mengsel in een gesteriliseerde pot. Giet het water erover en sluit de pot goed af. Laat de pot 3-4 dagen in de koelkast staan.

Let op: Kim Chi wordt als bijgerecht bij Koreaanse gerechten en gestoomde rijst gegeten. Eigenlijk horen er drie eetlepels rode pepers in, maar dat is voor sommigen wellicht te veel. U kunt ook rode peper uit een potje gebruiken.

Bestrooi elk laagje kool met een laagje zout.

Zet een paar blikjes of een ander zwaar voorwerp op het bord.

Druk eventueel overtollig water uit de kool.

Roer cayennepeper, lente-uitjes, knoflook, chili en suiker door de kool.

Gebakken noedels

Voor noedelfans

Voorbereidingstijd: 30 minuten
Totale kooktijd: 25 minuten
Voor 4 personen

40 g sesamzaad
2 el olie
2 tl sesamolie
4 lente-uitjes, gesnipperd
2 teentjes knoflook, gesnipperd
2 tl rode pepers, fijngesnipperd
150 g rauwe garnalen, afgespoeld
150 g verse tofu, in blokjes
100 g champignons, in dunne plakjes
1 rode paprika, in dunne reepjes
2 el water
2 el sojasaus
2 tl suiker
300 g Hokkien-noedels

1. Rooster de sesamzaadjes in een koekenpan op laag vuur mooi bruin (schud de pan continu heen en weer). Wrijf de zaadjes in een vijzel fijn.
2. Roer olie en sesamolie in een kom door elkaar en giet de helft in een wok of een zware braadpan. Verhit de olie en fruit hierin ui, knoflook, pepers en garnalen in 2 min. Haal de pan van het vuur. Roerbak de blokjes tofu goudbruin en haal ze uit de pan. Doe de rest van de olie in de pan en roerbak de groenten 3 min. (houd ze knapperig).
3. Voeg water, sojasaus, suiker en noedels toe aan de pan. Roer er voorzichtig in om de noedels los te maken en ze gelijkmatig met het vocht te bedekken. Dek de pan af, laat alles 5 min. stomen en roer goed. Voeg de garnalen en de blokjes tofu toe en warm ze in 3 min. al roerend mee. Bestrooi met de sesamzaadjes en serveer.

Roerbak ui, knoflook en garnalen op een matig vuur.

Roerbak de stukjes tofu goudbruin en haal ze uit de pan.

Voeg het water, de sojasaus, suiker en noedels toe.

Roer voorzichtig de noedels los en meng alles goed.

Gekookte-groente-salade

Voorbereidingstijd: 45 minuten
Totale kooktijd: 15 minuten
Voor 4 personen

1 kleine koolrabi, geschild en in kleine reepjes
2 tl zout
2 el sesamolie
1 el olie
2 teentjes knoflook, fijngesnipperd
1 grote ui, in dunne ringen gesneden
2 selderijstengels, in plakjes gesneden
200 g champignons, in plakjes
1 grote wortel, in fijne reepjes
½ rode paprika, in fijne reepjes
4 lente-uitjes, gesnipperd

DRESSING
60 ml sojasaus
1 el witte azijn
3 cm verse gember, in dunne reepjes gesneden
1-2 tl bruine suiker
80 g geroosterde pijnboompitten, ter garnering

1. Leg de koolrabi op een stuk keukenpapier op een bord. Strooi er zout overheen en laat dat minstens 20 min. intrekken. Spoel de reepjes koolrabi af en dep ze droog met keukenpapier.
2. Verhit de twee soorten olie in een grote pan of wok. Fruit knoflook, koolrabi en ui in 3 min. op matig vuur goudbruin. Voeg de rest van de groenten toe, roer goed en bak alles nog 1 minuut. Haal de groenten uit de wok en laat ze afkoelen.
3. Voor de dressing: roer de sojasaus, azijn, gember en suiker in een kom.
4. Giet de dressing over de afgekoelde groenten en roer goed. Leg alles op een schaal en bestrooi met pijnboompitten. Serveer met gestoomde rijst.

Leg de reepjes koolrabi op een bord met keukenpapier en bestrooi ze met zout.

Spoel de reepjes grondig af en dep ze droog met keukenpapier.

Roerbak knoflook, koolrabi en ui in 3 min. op een matig vuur.

Roer sojasaus, azijn, gember en suiker in een kom door elkaar.

Soep met vleesnoedels

Voorbereidingstijd: 45 minuten
Totale kooktijd: 35 minuten
Voor 4-6 personen

1 el sesamzaadjes
2 el olie
2 teentjes knoflook, gesnipperd
150 g mager varkensgehakt
200 g rundergehakt
80 ml water
200 g Chinese kool, fijngesneden
100 g taugé, in stukjes en zonder dunne uiteinden
100 g champignons, fijngesneden
3 lente-uitjes, fijngesnipperd
150 g ronde stukjes deeg (won ton)

Soep
2,5 l runderbouillon
2 el sojasaus
3 cm gember, fijngesnipperd
4 lente-uitjes, gesnipperd

1. Rooster de sesamzaadjes in een droge pan op matig vuur in 3-4 min. Schud de pan steeds heen en weer en haal de zaadjes als ze bruin worden meteen uit de pan. Wrijf ze kapot in een vijzel.
2. Verhit de olie in een pan. Braad knoflook en gehakt op een matig vuur tot het vlees van kleur verandert. Maak eventuele klonten fijn met een vork. Voeg water, kool, taugé en champignons toe en bak alles ca. 5 min. tot het water gaat verdampen en de groenten zacht worden. Voeg lente-ui en sesamzaadjes toe, bestrooi met zout en peper en roer goed door.
3. Werk met één stukje won ton-deeg tegelijk en houd de rest afgedekt met een vochtige theedoek. Schep een theelepel vulling net naast het midden van het deeg en bestrijk de randen met wat water. Vouw een helft van het deeg over de vulling zodat er een halve cirkel ontstaat. Druk de randen samen. Herhaal met resterende vulling en deeg.
4. Voor de soep: roer de bouillon, sojasaus, gember en de helft van de lente-ui in een grote pan door elkaar, breng aan de kook en laat 15 min. zachtjes koken.
5. Doe de dumplings in de soep en laat ze 5 min. zachtjes koken tot ze van kleur veranderen en dikker worden. Garneer ze met de resterende lente-ui en serveer meteen.

Prak eventuele klonten met een vork fijn.

Schep 1 tl vulling net naast het midden van het deeg.

Vouw het deeg over de vulling voor een halve cirkel en druk de randen op elkaar.

Doe de dumplings in de kokende soep en kook ze zachtjes gaar.

Aardappelpannenkoekjes

Voorbereidingstijd: 25 minuten
Totale kooktijd: 30 minuten
Voor 18 stuks

DIPSAUS
2 tl sesamzaadjes
2 teentjes knoflook, gesnipperd
2 lente-uitjes, gesnipperd
60 ml sojasaus
1 el witte wijn
1 el sesamolie
2 tl basterdsuiker
1 tl verse rode peper, gesnipperd

500 g aardappelen
1 grote ui, zeer fijn gesnipperd
2 eieren, losgeklopt
2 el maïsbloem
60 ml olie

1. Voor de dipsaus: rooster de sesamzaadjes in een koekenpan goudbruin. Schud de pan regelmatig heen en weer. Haal de pan van het vuur en laat de zaadjes 5 min. afkoelen. Roer de sesamzaadjes, knoflook, lente-uitjes, sojasaus, witte wijn, sesamolie, basterdsuiker en rode peper goed dooreen en doe het mengsel in een kom.

2. Schil de aardappelen en rasp ze grof. Doe ze in een grote kom met de ui, eieren en het maïsbloem en voeg zout en peper naar smaak toe. Roer goed door.

3. Verhit de olie in een zware braadpan. Schep steeds 1 volle eetlepel van het mengsel in de pan en strijk het glad met de achterkant van een lepel zodat het pannenkoekje ca. 6 cm in doorsnede is. Bak de pannenkoekjes in 2-3 min. goudbruin. Maak 4 of 5 pannenkoekjes tegelijk, of zoveel er in de pan passen. Draai ze om met een spatel en bak ze nog 2 min. aan de andere kant. Laat de pan niet te heet worden, want dan kunnen de pannenkoekjes verbranden. Houd ze warm in een lauwe oven (120 °C) terwijl u de rest van de pannenkoekjes bakt.

4. Serveer de pannenkoekjes als snack of met rijst en Kim Chi als deel van een maaltijd.

Let op: zet alle overige ingrediënten klaar voor u de aardappelen raspt omdat ze heel snel verkleuren.

Rasp de geschilde aardappelen grof.

Doe steeds een volle eetlepel mengsel in de pan en strijk het glad.

Maak pannenkoekjes van ca. 6 cm in doorsnede.

Draai de pannenkoekjes met een spatel om.

Noedels met roergebakken rundvlees en groenten

Voorbereidingstijd: 40 minuten
Totale kooktijd: 25 minuten
Voor 4 personen

150 g dunne noedels
8 gedroogde Chinese paddestoelen
1 el sesamzaadjes
150 g lendenstuk, gedeeltelijk bevroren
4 teentjes knoflook, gesnipperd
2 el sojasaus
2 el water
2 tl sesamolie
1-2 tl verse rode peper, gesnipperd
1 grote wortel
½ rode paprika
75 g asperges
2 el olie
6 lente-uitjes, in dunne plakjes

1. Doe de noedels en paddestoelen in aparte kommetjes met warm water en laat ze 20-30 min. weken. Rooster de sesamzaadjes op matig vuur in een koekenpan; schud de pan steeds heen en weer. Haal de zaadjes uit de pan als ze goudbruin zijn.

2. Snijd het vlees tegendraads in zeer dunne reepjes. Roer er knoflook, sojasaus, water, sesamolie en rode pepers door en laat alles 15 min. trekken. Schil de wortel, verwijder de zaadlijsten en de zaadjes van de paprika en snijd de houtige uiteinden van de asperges. Snijd de groenten in dunne reepjes van 4 cm lang. Giet de noedels en de paddestoelen af en bewaar 2 eetlepels van het paddestoelenvocht. Snijd eventuele harde stukken van de stelen en snijd de paddestoelen in dunne plakjes. Roer ze door het vlees en giet eventueel vocht weg.

3. Verhit een wok of een grote braadpan op hoog vuur. Voeg wat olie toe en roerbak het vlees en de paddestoelen in 2 porties. Schroei het vlees snel dicht; het mag niet te gaar worden. Haal het vlees uit de pan, voeg nog wat olie toe en roerbak de groenten in 2 min. Dek de pan af en stoom de groenten nog 1 min. tot ze gaar zijn. Voeg de noedels, het paddestoelenvocht en de lente-ui toe en roer goed door. Doe het vlees weer in de pan en stoom nog 1 min.

4. Verdeel de noedels over 4 kommetjes en strooi er wat sesamzaad over. Serveer met de extra sojasaus en sesamolie.

Doe paddestoelen en noedels in 2 aparte kommetjes en giet er kokend water op.

Snijd het vlees tegendraads in dunne reepjes.

Breek voorzichtig de houtige uiteinden van de asperges.

Roerbak het vlees en de champignons; braad het vlees niet te gaar.

Aardappelnoedels met groenten

Voorbereidingstijd: 25 minuten
Totale kooktijd: 25 minuten
Voor 4 personen

300 g aardappelmeelnoedels
4 el gedroogde cloud-ear paddestoelen
60 ml sesamolie
2 el plantaardige olie
3 teentjes knoflook, fijngesnipperd
4 cm gember, geraspt
2 lente-uitjes, gesnipperd
2 wortels, in luciferreepjes
2 extra lente-uitjes, in stukjes van 4 cm
500 g baby paksoi of 250 g grof gehakte spinazie
60 ml Japanse sojasaus
2 el mirin
1 tl suiker
2 el sesamzaad en zeewierstrooisel

1. Kook de aardappelnoedels in 5 min. in een grote pan water transparant. Giet ze af en spoel ze goed af onder koud stromend water (zo koelen ze af en wordt overtollig meel weggespoeld). Knip de noedels in stukken van ca. 14 cm, zodat ze goed met stokjes te eten zijn. Giet heet water over de paddestoelen en laat ze ca. 10 min. weken.

2. Verhit 1 eetlepel sesamolie met de plantaardige olie in een grote pan of wok. Fruit hierin al roerend knoflook, gember en fijngesnipperde lente-uitjes in 3 min. op middelhoog vuur. Voeg de wortel toe en roerbak die 1 min. mee. Voeg de afgekoelde en uitgelekte noedels, de extra lente-ui, de paksoi of spinazie, de rest van de sesamolie, de sojasaus, mirin en de suiker toe. Roer alles goed. Dek de pan af en laat alles 2 min. zachtjes koken. Voeg dan de paddestoelen toe, doe het deksel weer op de pan en kook de paddestoelen 2 min. mee. Bestrooi met het sesamzaad en het zeewierstrooisel en serveer meteen.

Let op: aardappelmeelnoedels worden ook wel verkocht als Koreaanse noedels. Cloud-ear paddestoelen zijn heerlijke gedroogde paddestoelen; door ze te weken, worden ze drie keer zo groot. Koreaanse pasta en cloud-ear paddestoelen zijn verkrijgbaar in oosterse speciaalzaken.

Kook de noedels in een pan met ruim kokend water.

Knip de noedels in stukken van ca. 14 cm.

Fruit knoflook, gember en fijngesnipperde lente-ui in 3 min.

Voeg noedels, lente-ui, paksoi, sesamolie, sojasaus, mirin en suiker toe.

Spareribs met sesamzaadjes

Voorbereidingstijd: 30 minuten
Totale kooktijd: 1 uur
Voor 4-6 personen

1 kg spareribs in stukken van 3 cm
1 el sesamzaad
2 el olie
2 lente-uitjes, fijngesnipperd
4 cm gember, geraspt
3 teentjes knoflook, fijngesnipperd
2 el basterdsuiker
2 el rijstwijn
1 el sojasaus
2 tl sesamolie
3 dl heet water
2 tl maïsbloem

1. Snijd overtollig vet van het vlees. Rooster de sesamzaadjes in een koekenpan die u steeds heen en weer schudt tot ze goudbruin zijn. Wrijf ze kapot in een vijzel.
2. Verhit de olie in een zware koekenpan. Braad de spareribs aan tot ze mooi bruin zijn. Giet overtollig vet uit de pan. Voeg de helft van de sesamzaadjes, de lente-ui, gember, knoflook, suiker, rijstwijn, sojasaus, sesamolie en het water toe en roer goed door; bedek de spareribs goed. Breng het mengsel aan de kook en laat het 45-50 min. zachtjes koken. Roer af en toe even door.
3. Roer het maïsbloem met wat koud water tot een glad papje. Giet het in de pan en blijf roeren tot het mengsel kookt en dikker wordt. Bestrooi met het extra sesamzaad. Dien op met gestoomde rijst en Kim Chi (blz. 46).
Let op: u moet de spareribs met stokjes kunnen eten, dus snijd ze in kleinere stukjes.

Rooster de sesamzaadjes in een koekenpan goudbruin.

Braad de spareribs aan tot ze mooi bruin zijn.

Schenk de saus in de pan en roer alles goed door.

Roer het maïsmeel met wat water tot een glad papje.

Binatok (erwten-rijst-pannenkoekjes met groenten)

Voorbereidingstijd: 30 minuten
Totale kooktijd: 50 minuten
Voor 4-6 personen, ca. 15 stuks

200 g gedroogde groene spliterwten
100 g rijst
60 g bloem
2 eieren, losgeklopt
2,5 dl water
1 wortel
½ groene paprika
½ rode paprika
6 lente-uitjes
3 cm gember
2 teentjes knoflook
2 tl sojasaus
2 el plantaardige olie
1 el sesamolie
fijngesneden lente-uitjes, ter garnering

SAUS
2 lente-uitjes, zeer fijn gesneden
60 ml sojasaus
2 el water
2 tl sesamolie

1. Was de erwten en de rijst in een vergiet onder koud stromend water tot het water helder is. Doe de erwten en rijst in een pan, giet er koud water op en breng aan de kook. Laat 25 min. koken of tot de erwten zacht zijn. Laat ze afkoelen en pureer ze in een keukenmachine. Voeg bloem, eieren en het grootste deel van het water toe en roer alles tot een glad beslag; voeg indien nodig meer water toe (mogelijk een kopje).

2. Schil de wortel, verwijder de zaadjes en de zaadlijsten van de paprika en snijd de onder- en bovenkant van de lente-ui. Snijd deze groenten in luciferreepjes van 3 cm lang. Rasp de gember en snipper de knoflook. Giet het beslag in een kom en roer er de groenten, gember, knoflook en sojasaus door.

3. Verhit de pan op een matig vuur en bestrijk de bodem met wat plantaardige olie met sesamolie. Giet 2 eetlepels beslag per pannenkoekje in de pan en bak de pannenkoekjes 3-5 min. Keer ze om als de bodem gaar is en bak de andere kant nog 2 min. Dek de pan 30 sec. af zodat de pannenkoekjes door en door gaar worden. Houd ze warm in een matig warme oven terwijl u de rest bakt.

4. Voor de saus: roer lente-ui, sojasaus, water en olie in een kom goed door elkaar.

5. Bestrooi de pannenkoekjes met lente-uitjes en serveer met de saus.

Laat de erwten en de rijst afkoelen en pureer ze in een keukenmachine.

Snijd de groenten met een zeer scherp mes in dunne luciferreepjes.

Giet per pannenkoekje 2 el beslag in de pan.

Draai de pannenkoekjes voorzichtig om en bak ze nog 2 min.

REGISTER